Ein Hauch von Ewigkeit

Gedanken, Gedichte, Gebete

Hans-Dieter Kreuzhof

1. Auflage

November 2017

Korrektorat: Petra Schmidt; www.lektorat-ps.com

Umschlaggestaltung: Kevin Emanuel Osenau; www.osenau.com

Herstellung und Verlag: Amazon Media EU S.à r.l.,
5 Rue Plaetis, L-2338 Luxemburg

ISBN: 978-1-9732-1933-0

Vorwort

Israel, 12. April 1999. An diesem Tag veränderte sich meine Weltsicht. Auf einer Wanderung entlang des Lake Tiberias stieß ich auf eine kleine versteckte orthodoxe Kirche, die mich magisch anzog. Bevor ich sie betrat, schaute ich auf die Uhr. Es war fünf Minuten nach eins.

Ein liebenswürdiger Mönch mit einem geheimnisvollen Lächeln und strahlenden Augen öffnete mir die Tür und erklärte mir stolz die kunstvollen uralten Ikonen. Es roch nach Weihrauch und brennenden Kerzen. In der Luft hing der Geist tausender Gebete, die hier gesprochen wurden, und ich versank in einem Gefühl wohliger Geborgenheit, spürte physisch die Nähe Gottes. Nach seiner Führung ließ mich der Mönch allein und ich nahm mir Zeit, zu beten und diese wunder-volle Atmosphäre in mich einzusaugen. Es mochte eine halbe Stunde vergangen sein, als mein Magen sich meldete. So verließ ich den mystischen Ort, durchquerte den Garten und stand wieder auf der Straße. Hunger.

Ich schaute auf die Uhr: Es war fünf Minuten nach eins ...

Mögen die Gedichte und Gebete in diesem Buch auch dich, lieber Leser, einen Hauch von Ewigkeit spüren lassen. Sie entstanden in den Jahren 2016 und 2017 während eines interreligiösen Trialoges.

Hans-Dieter Kreuzhof

Inhalt

Die Zeit

Die Zeit ist ein Wasser. Wir sind mittendrin.
Oft schwimm ich und strample und weiß nicht wohin.

Dann erheb ich mich, geh auf dem Wasser und spür,
wie der Geist, dieser Wind mich erfasst und berührt,
lass die Zeit und das Dröhnen der Welt unter mir
und erlebe die Ewigkeit – jetzt und im Hier.

Es sind Zeiten der Stille, die wir uns oft versagen,
weil wir glauben, wir müssen Erfolgen nachjagen.
Doch die sind nicht von Dauer, wie alles im Leben,
all das Hetzen und Jagen und Nehmen und Geben.

Drum halt ein, werde still, nimm die Gegenwart wahr,
werde leer von Begierden, höre Gott – er ist da.
Und sein Geist wird dich heilen und führen und lenken
und dir Liebe und Kraft und Zufriedenheit schenken.

Gast

Ich bin nur Gast auf dieser Erde,
ein Gast von Raum und Zeit,
auf dass dereinst ich wieder werde
ein Teil der Ewigkeit.

Dort bin ich heile,
Geist und rein,
ging nur für eine Weile
in materielles Sein hinein.

Was nehm ich mit, wenn ich einst gehe,
was sind schon Schönheit, Macht und Geld?
Da gibt es nichts, was ich jetzt sehe
an Dingen, die von dieser Welt.

Die Liebe, Energie des Geistes,
ist das, was ewig von mir bleibt
und das ich mitnehm auf die Reise,
verlass ich irgendwann den Leib.

Augen

Die Augen, die Fenster zur Seele verraten,
was wir so oft dachten und fühlten und taten.
Sie sagen mir alles, was in dir noch schlummert
an Freude, an Leid, an Hoffnung und Kummer.
Und auch deine Liebe, die seh ich in dir,
die Wärme, die Güte im Jetzt und im Hier.

Doch seh ich auch Angst und Wehmut und Trauer.
So glaub mir, mein Kind – sie sind nicht von Dauer.
Die Zeit wird vergeh´n und ich werde es seh´n,
wie dein Fenster sich klärt. Und du wirst versteh´n,
dass morgen und gestern nur Schatten doch sind.
Vertrau in das Jetzt. Nimm es wahr, mein Kind.

Sieh die Blumen, den Himmel, die Wolken, die Wunder.
Nimm die Freude, die Wärme, birg die Trauer darunter.
Lern vertrauen, dann wirst du die Angst besiegen.
Darfst dich dann in den Armen des Vaters wiegen,
der dich schuf, der dich liebt, der dich führt, der dich leitet
und dich, wenn du willst, durch dein Leben begleitet.

Dann schau ich in dein Fenster und sehe dein Lachen

und brauch mir um dich keine Sorgen zu machen.

Du bist bei ihm sicher, denn er sorgt nun für dich

im Heute, im Morgen und auf lange Sicht.

Denn er ist die Liebe. Seine Liebe ist pur.

Drum sing ich mein Lied in Moll und in Dur:

Gelobt seist du Vater der Liebe, des Lichts!

Ohne dich, unsren Schöpfer, da wären wir nichts!

Mach klar unsre Augen und nimm uns die Angst!

Schenk uns Liebe und Frieden! Hab ewigen Dank!

Leben

Leben – das ist nicht nur das meinige.

Leben ist alles, was ist.

Das, was aus dem Nichts so wunderbar

ins Sichtbare tritt.

Materialisierter Geist, der schon da war,

bevor die Zeit begann.

Spuren des Lebens

Spuren des Lebens, ins Herz eingegraben,
Seichtes und Leichtes und Brüche und Narben,
Spuren des Lebens in meinem Gesicht,
Falten und Runzeln verstecke ich nicht.

Spuren des Lebens sind ewige Schmerzen,
doch auch die Erinnerung ans Tanzen, ans Scherzen,
Mundwinkel umspielt meist ein heimliches Lachen,
die Haare sind weiß – das war´n traurige Sachen.

Spuren des Lebens, sie werden verschwinden,
wenn wir dereinst geh´n und die Zeit überwinden,
sie werden zu Staub dann, vergehen im Wind
und irgendwo lächelt ein glückliches Kind ...

Liebe

Das Schöne wird seine Schönheit verlieren.

Das Starke wird schwach werden.

Der Reiche wird alles verlieren.

Alles vergeht in unserer materiellen Welt

und irgendwann verlässt du sie.

Alles, was du hier lässt,

wird ebenfalls vergehen.

Das Einzige, das bleibt,

ist die Liebe, die du weitergegeben hast.

Sie verbreitet sich, vermehrt sich,

hört niemals auf.

Einheit

Liebe!

Hasse nicht.

Verbinde dich.

Lebe Gemeinschaft.

Sei heil und eins mit allem.

Es gehört doch alles zusammen.

Es gibt kein Gegenteil.

Beides ist wahr.

Beides ist.

Deshalb

liebe!

Das Trennende

Nur wenn du liebend wahrnimmst, was uns trennt,

erkennst du, dass es das Trennende ist,

was uns verbindet.

Der Unterschied ist das Glied, das die Kette

des Lebens zusammenhält.

Blatt im Wind

Der Mensch ist wie ein Blatt im Wind.
Sein Schicksal, es erscheint bestimmt.
So fallen wir und sinken nieder,
Tränen befeuchten unsere Lider.

Doch Gott in unserem Herzen
erlöst uns von so manchen Schmerzen.

Am Ende unserer Tage weht
der Wind uns dann wie ein Gebet
zu unsrem Schöpfer voller Gnade.
Er richtet uns dann wieder gerade.

Umarmung

Lachen und weinen
Die Seelen vereinen
Tasten und fühlen
In warmer Haut wühlen

Hören der Herzen
Pulsierenden Schlag
Vergessen der Schmerzen
Die Nacht wird zum Tag

Augengelüste und
Wogende Brüste
Knabbern und beißen
Die Kleidung zerreißen

Nässe und Saft
Aufsteigende Kraft
Stöhnen und hecheln
Dann seh´ ich dein Lächeln

Versinken in Kissen

Nichts mehr vermissen

Schweben im Hier

Und im Jetzt – und mit dir ...

Tod? Nein!

Manchmal denk in an den Tod,
das Ende allen Leids, der Not.
Kein Körper, keine Schmerzen
und keine Qual des Herzens.
Nur Friede, Schweben, Sein.
Mein Gott, das wäre fein ...

Doch dann, dann ruft das Leben
und will mir Freude geben.

Und ich tanz trotz der Schmerzen,
liebe aus vollem Herzen,
genieß den Tag, die Freunde,
den Spaß und dieses Heute
und feiere das Leben,
als würd´s kein Morgen geben.

Und dann, dann wird mir plötzlich klar:
Das Leben ist soooo wunderbar!

WASSER

Ich sprang aus der Quelle
vom Dunkeln ins Helle
und sprudelte lustig
und ziellos dahin.
Erreichte die Wiesen,
begann leis zu fließen.
Dann wurde ich breiter,
nun schaut, wer ich bin.

Vereinigt mit andern
begann ich zu wandern
durch Täler und Auen,
die Welt anzuschauen.
Zum Fluss wurd ich dann,
der mit Kraft alles kann,
der Schiffe und Menschen
zu Zielen hintrug,

bis endlich, ganz breit,
von Strömung befreit
die Ruhe einkehrte
und Warten mich lehrte.

Der Ozean wird mir
die Ruhe bald geben.
Dort kann ich in Sanftheit
Gemeinschaft erleben,
denn ich bin nur Wasser,
nicht Tropfen, nicht Fluss.
Das sind doch nur Formen,
nur zeitlich Genuss.

Der Friede ist da,
wenn ich wieder vereint bin.
Dann woge ich nur noch
mit Allem im Gleichsinn,

um ganz in der Tiefe

die Ruh´ zu genießen,

egal, ob der Sturm meine

Haare zerwühlt.

Nie hab ich mich ganzer

und heiler gefühlt.

Lieblingsmensch

Mein Lieblingsmensch bin ich. Die Bibel sagt:

„Liebe Gott und liebe deinen Nächsten

wie dich selbst."

Deine Liebe

Nie hat mich eine Liebe so geliebt wie deine
Nie hat ein Stolz sie so behindert wie der meine

Wollt mich nicht fallen lassen
Wollt die Kontrolle nicht verlier´n
Ich wusst´, wenn es geschieht und mich
die Liebe übermannt, dann gibt es kein Zurück

Und das erschien mir nicht als Glück

Doch wer kann deiner Schönheit widerstehen?
Wenn man dich einmal kennt,
wer kann dann gehen?

Gotteserkenntnis

Gotteserkenntnis ist nur möglich,

wenn ich seine Schöpfung

und meine Mitmenschen

liebend wahrnehme,

ihnen begegne,

denn in ihnen begegne ich IHM.

ER ist nicht nur irgendwo da draußen.

Das Reich Gottes ist mitten unter uns.

Es ist da, wo Menschen in Liebe

und Brüderlichkeit beisammen sind

und teilen, was Gott ihnen gab.

Glaube

Ich sprach über Gott und ich lernte und lernte.
Ich las in der Bibel und auch im Koran.
Doch blieb Gott ein „ER“,
der sich mehr noch entfernte.
An eine Beziehung kam ich nicht heran.
Dann sprachst du zu mir, deutlich,
doch unendlich leise:
„Komm zu mir, mein Sohn! Ich lebe, bin da!
Bin nicht nur im Jenseits, erfühl mich, sei weise.
Ich bin für dich hier. Glaub mir, es ist wahr!“
Und dann hat ganz plötzlich die Erde gebebt
und ich hab ihn erfahren und wusste: Gott lebt!
Er lebt in uns allen, im Nächsten, im „Du“.
Er spricht und er handelt.
Und da fand ich Ruh.

Der Berg

Der Berg birgt das Verborgene.

Ich berge mich in Gott.

Ich bin der Geist

Ich bin der Geist,

der dir das Leben gab.

Ich bin in dir.

Ich bin der Geist,

der dir den Atem schenkt.

Ich bin in dir.

Du bist das Seiende,

ich das Sein.

Ich bin dein Schöpfer,

du bist mein.

Freiheit

Gott hat uns erschaffen und
er schenkte uns eine Münze.

Auf einer Seite ist das Wort
„Freiheit“ geprägt,
auf der anderen das Wort
„Verantwortung“.

Wir sind frei, aber wir werden
uns immer die Antwort
geben müssen auf die Frage,
was wir mit unserer Freiheit
getan haben.

Das ist Ver-antwortung,
die Kehrseite der Freiheit.

Gotteshäuser

Gotteshäuser, Gefäße der Andacht.

Der Geist tausender Gebete

schwebt in ihnen.

Egal, welches du betrittst,

für eine Weile schwinden Raum und Zeit

und ein Hauch von Ewigkeit umfängt dich.

Gebet

Verweilen

Gedenken

Geborgenheit

Gemeinschaft

Eins sein mit dem Ewigen

und mit denen,

die seine Nähe suchen ...

Heilige Zeit

Zeit ohne Zeit

Gegenwart

Lebensweg

Ich bin der Weg, ich bin in dir.
Lass zu, dass ich dich leise führ´
aus all der Zeit mit ihrer Not,
aus engem Raum, der dich bedroht.

Ich bin der Weg, ich bin das Leben,
das ich versprochen, dir zu geben,
in Weiten und in Ewigkeit.
Bist du den Weg zu geh´n bereit?

Ich bin der Weg, ich bin die Wahrheit,
sag dir in Liebe und in Klarheit:
Sei klug in dieser Zeitlichkeit,
damit du lebst in Ewigkeit.

Sieh, Zeit und Raum sind Illusion.
Halt´ nicht dran fest an Leistung, Lohn.
Denn das Kausale zählt nicht mehr.

Und fällt es dir auch manchmal schwer,

dem Sog der Welt zu widersteh´n,

vergiss nicht mit GOTT durch zu geh´n.

Am Ende dieser Zeitlichkeit

steh ich in Ewigkeit bereit

und zeige dir die Tür zum Leben,

das dir das Eins-Sein dann wird geben.

Das Glück, mit Gott vereint zu sein,

macht deinen Geist dann klar und rein

und wird dir deinen Frieden geben.

Und Du wirst ewig leben!

Gestillt

Mich dürstete und ich trank von der Lust,
doch trocken blieb sie, meine Kehle.

Mich dürstete und ich trank vom Erfolg,
doch blieb ich stets durstig, so viel ich auch trank.

Mich dürstete und ich trank von dem Geld,
doch rostig steckten die Münzen in meinem Hals.

Mich dürstete und ich trank von der Macht,
doch hatte ich sie, erkaltete mein Blut.

Mich dürstete und ich trank von deiner Liebe,
dem reinen Wasser des Lebens.

Nun will ich nichts anderes mehr und bin still.

Wo bist du, Adam?

Wir sollen uns die Erde untertan machen,

sagte Gott,

sie pflegen, gestalten und weiterentwickeln.

Dazu gab er uns Seine Kreativität.

Wir sollen seine Schöpfung

– und damit auch alle Menschen – lieben wie er.

Dazu gab er uns Seine Liebe.

Er schuf uns als Verwalter, als Gegenüber,

nicht als unmündige Sklaven, die nur tun,

was ihnen ge- und verboten wird.

Tun wir, wozu Gott uns schuf,

oder verstecken wir uns hinter Ausreden,

Gesetzen oder Frömmigkeit?

Wo bist du, Adam?

Unser Bild

Du sollst dir kein Bild machen.
Und sie hörten auf zu malen.

Du sollst dir kein Bild machen.
Und sie lasen Bücher, die ihnen
literarische Bilder in die Köpfe zeichneten.

Sie sperrten den Unbegrenzten, Ewigen
in ein Buch ein, begrenzten ihn,
machten ihn klein,
zu einem narzisstischen Götzen,
der sich verhielt wie ein Mensch,
befahl, strafte, rächte, vergab oder
Menschen ins Feuer warf wie Müll.

Du sollst dir kein Bild machen.
Du sollst ihn dir erst gar nicht vor-stellen.
Sonst stellst du einen Götzen vor den Wahren.

Spüre seine Liebe, nimm sie selber wahr.

Nur sie ist wahr, ist kein Bild.

Und spüre, wie du ihn zurück liebst

und deinen Nächsten,

ohne dass du dich bemühen musst,

weil die Liebe Seine Energie ist,

Sein ewiges Geschenk.

Sein Bild

Erschaffen nach seinem Bild,

dem Bild, das ER vor Augen hatte.

Seine Idee

Sein Geist

Sein Wort

Geist ward Materie

Wir sind seine Idee,

sein Geist ist in uns!

Geber

Der Geber aller Gaben verströmt seine Liebe

durch die, die nicht nach Anerkennung

oder Lohn suchen,

sondern einfach nur Seine Liebe

weiterfließen lassen,

sich selbst verströmen.

Sie sind seine wahren Diener.

In ihnen wie im Bedürftigen

begegnen wir Gott.

Weisheit

Die Weisheit der Bücher
ist die Weisheit der Anderen.
Sie wird nie deine, bleibt eine Kopie.
Erlerne die Kunst der Achtsamkeit.

Lebe das Leben und gehe den Weg,
der dir bestimmt ist, auch wenn er
ein steiniger und holpriger Weg ist.

Dieser, dein ureigener Weg ist Teil
deiner Bestimmung, deines Lernens.
Er ist gut im Leiden und in der Freude.
Er wird dir einst die Weisheit schenken.

Sei gelassen und erkenne das Ewige
in allem, was ist – und in allem,
was in dieser Zeitlichkeit passiert.

Lass Gott den Rohdiamanten schleifen,
bis sich sein Licht in tausend Farben
bricht und bunt und fröhlich in die
Welt leuchtet. Dann sieh den Glanz in
den Augen der Betrachter und danke
demütig dem Schleifer für sein
kunstvolles Werk, denn du
hast nichts dazu getan ...

Nimm allen Stress, alle Angst
und alles Streben von dir
und vertraue deinem Schöpfer!
Das Gute, das er an dir begonnen hat,
das wird er auch vollenden.

Du bist

Es ist, wie es ist.
Du bist, der du bist.

Wirst du dich finden,
wirst du mich finden.

Ich bin doch in dir
– wie du in mir.

Und vergiss deine Sorgen,
du bist in mir geborgen.

Er-Lösung

Die Lösung aller Probleme der Menschheit
ist keine „Religion“, sondern die Liebe allein
und ihre bedingungslose Umsetzung in die Tat!

Wer den Weg des physischen oder ideologischen
Kampfes geht, geht den Weg des Verwirrers,
denn die echte Liebe ist eine geistliche Dimension.

Schwarz auf Weiss

Wenn die Schmerzen dich lähmen
und du ihn nicht mehr spürst,
wie er da ist und lenkt und dich ganz seicht berührt.
Wenn du schreist nach dem Geist,
den er damals dir ließ,
ihn nicht findest in dir – deinem tiefen Verlies,
dann schreib´s nieder und denk nicht,
denn dann spricht er und ist,
weil du selber der Träger der Botschaften bist.

Denn Geschriebenes ist Geist, der ins Seiende tritt.
Lass geschehen und schreibe!
Plan nicht jeden Schritt!
Trifft das Schwarze auf Weiß,
ist´s der Geist, der sich zeigt,
ganz egal, ob man spricht oder schreit oder weint.
Aus dem Ew´gen ins Zeitliche tritt er nach außen,
der, von dem wir oft glauben,
er sei ganz weit draußen.

Doch der Geist ist tief in dir, ist Teil deines Seins,
ist nicht sichtbar, doch wirklich,
auch scheint er nur Schein.
Und im Wirken und Schreiben, da wird er real.
Der Wind weht, wo er will und ist doch überall.
Schlaf nicht ein in der Wüste der Zeit, wache auf!
Und dann tu, was du tun musst,
lass der Zeit ihren Lauf.

Schwarze Zeichen auf Weiß, Ewigkeit aufgemalt,
auf Papier, in der Zeit, Unsichtbares in Gestalt.

Gottes Geist, Tröster, Lehrer und Heiler und Freund,
trag mich weiter, bis wir endlich sind
vollkommen eins!

Du bist Liebe und ich fühl dich
und ich weiß mich geborgen,
trotz der Schmerzen, der Lasten,
Katastrophen und Sorgen!

Der Wein deiner Nähe

Lass mich dich spüren,
mein Herz dich berühren,
versinken in dir,
damit ich verlier
im Jetzt das Gefühl
von diesem Gewühl,
in dem ich gegangen,
in dem ich gefangen
und droh´ zu versinken.
Komm, lass mich dich trinken,
den Wein deiner Nähe,
auf dass ich dich sehe.
Schenk mir ein paar Stunden
und heil meine Wunden.
Gelobt seist du, Geber des ewigen Lichts,
ohne dich, meinen Schöpfer, wäre ich nichts.

Treue

DU riefst mich – doch ich wollte dich nicht hören

Ich wendete mich ab – doch du bliebst bei mir

Ich vergaß dich – doch du warst immer da

Ich verlief mich – doch du zeigtest mir den Weg

Ich fiel so oft – doch du hobst mich wieder auf

Ich weinte verzweifelt – du wischtest meine Tränen ab

Ich trauerte – doch du schenktest mir Trost

Ich wankte vor Schwäche – doch du gabst mir Kraft

Ich war dem Tode nahe – doch du gabst mir das Leben

Ich genoss dieses Leben – und du lachtest mit mir

Ich tanzte vor Freude – und du tanztest mit mir

Ich liebte die Liebe – und du schenktest mir dein Lächeln

DU, in deiner unfassbaren Treue und Geduld!

Gebet

Gebet?

Gebet, was immer ihr geben könnt denen,

die eurer Hilfe so dringend bedürfen!

Das ist die schönste Bedeutung dieses Wortes.

ALLEIN

Fremd und doch zu Haus – in mir.

Verloren, doch geliebt – von dir.

Einsam, doch nie ganz allein

darf ich in dir geborgen sein.

Meine Seele findet Ruh

in dir, im Jetzt und immerzu.

Dankgebet

Ich lebe noch

Danke

Ich liebe noch

Danke

Ich kann mit meinen Schmerzen umgehen

Danke

Ich habe Ideen und Visionen

Danke

Ich habe genug zu essen und zu trinken

Danke

Du hast mir ein Dach über dem Kopf gegeben

Danke

Du hast mir alles gegeben, was ich brauche

Danke

Ich sehe die wunderbare Natur, die du schufst

Danke

Dein Regen nährt den Boden heute

Danke

Meine Kinder sind gesund

Danke

Ich bin voller Freude

Danke

Ich bin geliebt

Danke

Ich lebe heute

Danke

Deine Geduld

Heilig ist dein Geist, oh Herr,
ich spüre ihn in mir.
Auch wenn mich oft die Welt verführt,
bist du doch immer hier.
Selbst wenn ich weghör´, weil ich´s will,
so flüsterst du doch weiter.
Und führst mich unbemerkt und still
auf dieser Lebensleiter
hinauf zu dir in deiner Huld.

Ich dank dir, Herr, für die Geduld!

Geist

Oh Geist der Wahrheit, führe mich.
Oh Geist der Liebe, fülle mich.
Oh Geist des Schöpfers, gib mir Leben,
denn du, nur du kannst Leben geben!

Du, der du keinen Anfang hast
und auch kein Ende,
du bist doch unser Anfang
– und auch unser Ende.
Oh ewiges Sein, mein Gott,
ich lobe dich!

Schenk uns dereinst die Einheit
mit dir und allen Menschen,
deiner ganzen Schöpfung.
Erlöse uns aus Zeit und Raum,
auf dass wir wieder ganz sind, heil.

Gebet um Frieden

Möge der allmächtige Gott die Liebe in das Herz
aller Menschen senken.
Möge ER Herzen aus Stein zu Herzen aus Fleisch
und Blut machen.
Möge ER denen, die an Bücher oder Befehle
glauben, eine lebendige Beziehung zu sich schenken.
Möge ER sie standhaft machen im Widerstand
gegen Aufrufe zum Mord und ihr Gewissen wecken.
Möge ER die Liebe zum Maßstab allen Handelns
bei allen Menschen machen,
denn viele können es nicht, weil sie durch
Ideologien oder Führer verführt sind.
Lass die Verführten und Verhärteten deine Liebe
spüren, Gott, und senke dein Wort in ihr Herz.

Kinder

Es sind die Kinder, die uns lehren,
was wir uns allzu oft verwehren.

Zu glauben, zu vertrau´n,
des Lebens Wunder anzuschau´n,
mit Augen, die des Staunens voll,
mit lauterer Freude, ohne Groll
auf dies und das, was uns dran hindert.
Sie stört das nicht, denn sie sind Kinder.

So schenke uns, allmächtiger Gott,
ein wenig Kind-Sein immerfort.

Gegensätze

Keine Trauer ohne Liebe
´S gibt nichts Heiles ohne Schmerz
Kein Besitzen ohne Diebe
Ohne Körper gibt´s kein Herz

Keine Kriege ohne Frieden
Gib´s die Erde himmellos?
Ohne Oben kein Hienieden
Ohne klein gibt es kein groß

Ohne Berge keine Täler
Wo du nicht bist, Gott, ist kein Mensch
Ohne Richtiges keine Fehler
Dann hab ich den Blick gesenkt:

Keine Sünde ohne Wollen
Die Begierde ist der Tod
Können wir Erbarmen holen?
Herr vergib uns in der Not!

Diese Welt der Gegensätze.

Wir treffen oft die falsche Wahl.

Schenk uns Heilung statt Verletzung,

Ewiger, beend´ die Qual!

Demut

Als ich in meine Seele schaute
und mir vor ihren Wünschen graute,
da kam die Demut über mich
und sie verwandelte mein Ich.

Demütig neige ich mein Haupt
vor dir, dem Allerhöchsten.

Doch Demut, sie erfüllt mich auch,
denk ich an meinen Nächsten.
Denn seine Fehler sind nur Rauch.
Die meinen sind die größten ...

Erhalte uns die Liebe, Herr,
und schütze uns vorm Schlechten.
Dann mach aus unsrem Sünderheer
ein Heer deiner Gerechten.

GOTTESFURCHT

Die Furcht vor dir ist keine Angst,

denn Angst ist keine Liebe.

Vielmehr sind´s Staunen und auch Dank,

Verehrung und – die Liebe.

Aleppo

Ich habe geweint
einen Tag und die Nacht.
Doch hat es mich leider
nicht weitergebracht.

Mein Kopf ist leer.
Ich kann nicht mehr.
Warum dieses Töten?
Ich kann nur noch beten:

Schenk Frieden, Herr!
Erlös´ uns vom Bösen,
von Ohnmacht, von beidem
und tröste die Menschen,
die unschuldig leiden!

Stürze die Mächt´gen,
die Mörder und Diebe
und schenke uns BITTE
den Sieg der Liebe!

Hilferuf zu Gott

Menschen schlachten Menschen ab

Manchen bleibt nicht mal ein Grab

Kreuze auf der ganzen Erde

´S ist Zeit, dass es bald Frieden werde

Senk Liebe in der Mächtigen Herz

Beende unser aller Schmerz

Adler

Schweigend zieht der Adler seine Kreise.

Auf seine leise, wunderbare Weise

schwebt er dem Sonnenlicht entgegen

und sieht hier unten alles Leben

– aus der Distanz des Schwebens.

Pessimist

Wenn der Frühling beginnt,

ist der Sommer nicht weit,

und der Herbst, dessen Kind,

das dann stirbt – und im Winter, da schneit´s.

Feuchte

In der Feuchte des Morgentaus

öffnet die Blüte leis ihren Kelch

und reckt verlangend

ihr zartweiches Innerstes

der Sonne entgegen,

auf dass die emsige Biene

sich labe und

ihren süßen Nektar trinke.

Frühling

Süße Zeit des stillen Werdens
Aufwachen aus tiefem Schlaf
Frühling will es nunmehr werden
Langsam öffnet sich das Grab

Und es steigen auf die Farben
Leben bricht sich seine Bahn
Ja, vergangen ist das Darben
Grüne Blätter, zart wie Farn

Warten, es war nicht vergebens
Durch die Adern pulst das Blut
Auferstehung, ewiges Leben,
Hoffnung, Lachen, Übermut

Sommer

Sommer, Sonne, pralles Leben

Licht und Hitze, Nacktheit, Schweiß

Liebe nehmen, Liebe geben

Sommer, ach, wie bist du reich

Keine Zeit, zu dichten, schreiben

Draußen sein, es flirrt die Luft

Körper aneinander reiben

Sommer – er hat deinen Duft

Sonnenstrahlen

Die Sonne gibt das Licht

Doch ohne ihre Strahlen

sehen wir sie nicht

Sei ein Lichtstrahl Gottes

Schönheit

Die Krokusse und Schneeglöckchen
denken nicht an morgen.
Sie strecken sich heute
der Sonne entgegen
und schmücken das Leben
mit ihrer Schönheit, wissend, dass
ihr Dasein nur kurz sein wird.

Glaube an dich.
Lebe im Heute.
Genieße den Tag
und schmücke das
Leben mit deiner Schönheit.

Du bist schön!

Gänseblümchen

Die Gänseblümchen auf meinem Rasen
kümmert es nicht, ob Herbst ist.
Sie blühen fröhlich weiter.
Und wenn einst der Schnee sie bedeckt,
warten sie lächelnd auf den ersten
Sonnenstrahl und zeigen sich dann
wieder in ihrer ganzen Fröhlichkeit.

Herbstgarten

Der Herbst winkt schon mit kühlren Temperaturen.
Doch die Natur, sie kümmert´s nicht.
Sie lebt im Jetzt, nährt ihre Kreaturen.
Und setzt sich in das schönste Licht.
So blüh auch du, genieß das Leben,
egal, was morgen kommen mag.
Bring Frucht und liebe, nimm und gebe,
denn du lebst jetzt. Genieß den Tag.

Herbst

Dumpfer Duft des nahen Sterbens
Baumkronen in bunter Pracht
Reife Früchte, Sommers Erben
Sternenhimmel, klare Nacht

Blätter schweben sanft und kreisen
Nebel, Licht, die Formen weich
Vögel singen leise Weisen
Meine Seele wird ganz leicht

Oh reichste aller Jahreszeiten
Vollendung all der Arbeit Müh´
Willst so viel Freude mir bereiten
Wenn ich durch deine Welten zieh

Ich tanze durch den Herbst des Lebens
Begierig, meine Sinne wach
Alles ist gut. Nichts war vergebens
Mein Geist ist frei, die Seele lacht

Winterabend

Stille im Rauschen der Zeit

Nur das Knistern des Kaminfeuers

Draußen Kälte, innen Wärme

Bratapfelduft

Kerzenglanz

Geschichten

Gebete

Geborgenheit

Und in unseren Herzen

Atem

Leben

Liebe

Ruhe

SEELENFRIEDEN

Lichterfeste

Kerzen

Feste der Liebe

Sieg des Lichts über die Dunkelheit

Das Licht der Liebe werde in uns

Das Licht der Liebe scheine durch uns

Das Licht der Liebe erfülle die ganze Welt

und gebe uns seinen Frieden

Neujahr

Ich habe geliebt und ich habe gelitten.
Ich habe mit Dummen und Bösen gestritten.
Ich habe genossen und auch mal getrauert
und manchmal mein Herz
mit ´nem Schutzwall ummauert.

Ich hab mich geöffnet, die Freundschaft genossen
und sie dann wie wertvolle Blumen gegossen.
Ich habe das Wachsen der Jungen gesehen,
ihre Kraft, ihre Schönheit. ´S ist so viel geschehen.
In Dankbarkeit lass ich das alles jetzt los
und segne das Jahr, das ich so sehr genoss.

Ich wasch meine Hände und salbe sie fein.
Dann füll ich das Neue, die Gabe hinein,
den Samen der Zukunft, die Hoffnung, Visionen,
die zärtlich zu pflegen und gießen sich lohnen.

Schenkt ihnen die Achtsamkeit einzig und ganz,
weil das Alte nichts Neues hervorbringen kann.

So wünsch ich euch, dass ihr das Kommende seht,
das Schöne, das wartet, während´s Alte nun geht.
Gott schenke euch Liebe und Frieden und Glück.
Und lebt wie die Kinder – ein bisschen verrückt.
Habt Freude, genießt, was das Leben euch gibt
und liebt ohne Limits, weil die Liebe euch liebt!

Christrose

Die Christrose erblüht
in der Kälte des Winters
und begleitet uns
bis in den Frühling hinein,
in das neue Leben.

Winter

Klarer Klang eiskalten Wassers,

Bäche, Flüsse eingefror´n

Eis nur an der Oberfläche,

drunter Leben, ungebor´n

Wartend auf des Winters Ende,

dunkle Zeit des Atemhol´ns

Schnee wirft seine dicke Decke über alles,

welch ein Wohl.

Ganz

Über allem, Raum und Zeit
schwebt ein Hauch von Ewigkeit
Öffne dich und nimm ihn wahr,
dann wird dir plötzlich sonnenklar,
dass wir hier nur die Zeit genießen
und über uns Gedanken fließen,
die wir nicht schauen und begreifen.
Ihr Spiegel sind die Jahreszeiten.

Frühling, Sommer, Herbst und Winter.
Alte, Junge, Greise, Kinder.
Kommen, gehen, leben, sterben.
Blüten sind des Todes Erben.
Wachen, schlafen, ewiges Leben.
Zeit ist Nichts, sie wird vergehen.

Doch sehen wir das GANZE Sein,
schauen wir ins Paradies hinein.

Morgensegen

Und wieder beginnt ein neuer Tag,
an dem ich hinausschau und mich frag´:

Wieso schlagen die Menschen sich immer noch tot?
Wieso sterben noch Kinder an Hungersnot?
Wieso lernen wir nichts und es bleibt wie es ist?

Und dann denk ich, das alles ist riesiger Mist.
Seit Jahrtausenden läuft das im Großen und Kleinen
und manchmal, da könnte ich darüber weinen.
Doch dann steh ich auf und ich atme tief ein
und beschließe: Ich werde nicht aufgeben, nein!

Und ich schreibe von Liebe und Freude und Glück
und ich tu was für Arme und gehe ein Stück,
weil ich nur ändern kann, was mich direkt umgibt
und weil ich mich freue, wenn man sich HIER liebt.

Und ich singe und tanze gegen die Trauer
und reiße sie ein, die beschissene Mauer
der Hilflosigkeit und des lähmenden Grübelns,
die nichts ändert von all diesem dämlichen Übel.

Und ich lebe und liebe und esse und feiere.
Und dann merk ich, nur so geht´s
und ich fühl mich freier.
Deshalb segne ich jetzt euren neuen Tag,
weil ich euch so gern habe – und weil ich euch mag.

Religion und Liebe

Ob Jude, Moslem oder Christ,
ob Hindu, Buddhist, Atheist,
entscheidend ist nicht, was du bist,
sondern ob Liebe in dir ist.

Kann man denn Liebe selber machen?
Ist sie nicht Keim allen Erwachens?
Geschenk des Ewigen, Gottes Licht
und Seine Kraft für dich und mich?

Sieh Gott in jedem Menschenkind,
weil wir doch alle Menschen sind.
Wir leben nur durch seinen Atem,
in seinem schönen Erdengarten.

Soll ich denn hassen, den er liebt,
dem er doch auch das Leben gibt?
Nur weil uns schlaue Schriften trennen,
Gelehrte in der Welt rumrennen,
die lehren, Gott wird die vernichten,
die sich nach „falschen" Schriften richten?

Wenn ich das tät, wer wär ich dann,
verurteilte ich Frau und Mann,
den Menschen, der doch auch nur liebt
und freundlich seine Hand mir gibt?

Wege

Gott ist unser Anfang und auch unser Ziel.
Im Leben dazwischen, da lernen wir viel.
Das Leiden, die Liebe und auch das Vertrauen,
das Glücklichsein, Danken und das Auf-ihn-Bauen.

Wir gehen die Wege, von denen wir glauben,
dass sie uns nicht unsrer Erlösung berauben.
Du bist Muslim, du Jude und ich bin der Christ,
und jeder glaubt, dass sein Weg der richtige ist.

Doch gäb´s da was Feines.
Geh´n wir doch gemeinsam
den Weg reiner Liebe, denn sie macht nicht einsam,
sondern zu all dem, was Gott von uns möchte:
Das Einssein mit ihm – und mit unserem Nächsten.

Meine Schwester, mein Bruder,
drum reicht mir die Hand
und baut euren Weg auf dem Fels, nicht auf Sand.

Gott ist doch der Eine und hat uns erdacht,
drum neigen wir uns vor der Größe der Macht,
die nur ER hat und nicht unser Glaube an Wege,
sonst werden aus ihnen nur wacklige Stege.
Lebt nach Qur'ān oder Torah, ich lebe die Bibel,
und über dem allen, da steht unsre Liebe.

Adonai, Elohim, unser Schöpfer und Gott,
nimm die Decke der Einbildung bald von uns fort,
die uns glauben macht, dass es nur einen Weg gäbe.
Und dann geh´n wir gemeinsam ins Ewige Leben.

Lasst uns singen

Lasst uns singen gegen das Verstummen

Lasst uns Freude teilen gegen die Trauer

Lasst uns tanzen gegen die Hilflosigkeit

Lasst uns feiern gegen die Einsamkeit

Lasst uns lachen gegen den Ernst

Lasst uns lieben gegen den Hass

Lasst uns Frieden miteinander haben

gegen den Krieg

Lasst uns glauben gegen den Unglauben

Lasst uns Gott loben gegen die Gottlosigkeit

Lasst uns siegen über den Tod ...

Gottesgaben

Gott gab uns die Sprache

Doch wir schwiegen

Gott gab uns die Tatkraft

Doch wir taten nichts

Gott gab uns die Liebe

Doch wir hassten

Gott gab uns das Mitleid

Doch wir ignorierten

Gott gab uns die Reue

Doch wir zeterten nur

– und änderten NICHTS ...

Engel

Das Wispern der Blätter im Wind
erzählt vom geschundenen Kind,
das hungert und darbt,
die Seele vernarbt
und fragt, wo die Engel denn sind,
die schützend es nähren,
nie Hilfe verwehren.
Ob wir diese Engel sind?

Wir könnten sie sein,
doch wir leben recht fein
und sind auf dem Hilfsauge blind.
Gott, gib uns die Power,
dass wir auf die Dauer
der Blindheit entbunden sind.

Lasst uns geben, was geht,

kommt her und versteht,

dass WIR diese Engel sind!

Denn es liegt da geschunden

mit all seinen Wunden

und wartet auf uns, dieses Kind ...

Dein Allernächster

Wir ruhen und feiern und sitzen im Warmen,
doch auf unsren Straßen, da frieren die Armen.
Wir schau´n in die Weite und sehen die Fremden
und vergessen die Nähe der eigenen Hemden.

Da sitzt er, der Bettler und er hat kein Dach.
Die Mutter, Hartz IV, liegt nächtelang wach.
Da liegt er, der Alte, in der eigenen Scheiße
und wir schicken kleine Spenden
weit weg auf die Reise.

Dabei könnten wir hier so viel Einfaches machen,
den Alten besuchen, ihm schenken ein Lachen
und Geld zusammenlegen,
dem Obdachlosen geben,
die Mutter unterstützen,
ihr erleichtern das Leben.

Uns zusammentun in Gruppen
und füreinander da sein.
Doch wir zieh´n uns zurück
– das darf doch nicht wahr sein.
Weil der Staat uns alles abnimmt,
was Verantwortung heißt,
und als Resultat von dem allem
jeder auf den anderen pfeift.

Vergebung

Wenn die Geduldigen ihm huldigen,
vergeben sie den Schuldigen,
auf dass er ihnen Freiheit schenke
und sie auf neue Wege lenke.

Denn erst Vergebung macht uns frei.
Das Alte, das wird einerlei.
Das Neue wächst dann wunderbar
zur Blüte, Schönheit immerdar.

Loslassen ist der einzige Weg,
ein Weg, den Gott auch mit uns geht,
denn er vergibt uns, was wir tun.
So kann er friedlich in sich ruh´n.

So lass denn los, vergib und ruh´.
Ich wünsch dir Frieden – immerzu.

Dein Gott

Wer ist dein Gott?

Dein Geld, die Karriere,

dein Auto, dein Haus

oder Sex ?

Das Facebook, der Computer,

die Drogen, die Macht

oder deine Frau?

Das Wissen, die Erkenntnis?

Gott kennt dich genau.

Alles ist zeitlich,

hat keinen Bestand.

Nur dein Schöpfer allein

hält dich in der Hand!

Der Fürst der Welt

Der Teufel ist der Fürst der Welt.
Er hat so viel Diener.
Sie beten an die Macht, das Geld
und bringen alles nieder.
Sie leben lustvoll ohne Scham.
Den Armen bleibet nur ihr Gram.

Der Ewige, er weiß und schweigt.
Sieht zu, wer sich vor wem verneigt
und schenkt sein Reich uns schon auf Erden,
wenn wir zu seinen Kindern werden
und lieben, dienen unsrem Nächsten
und danken ihm, dem Allerhöchsten.

Denn wo dein Schatz ist, ist dein Glaube.
Sieh zu, dass man dich nicht beraube
des ewigen Lebens in der Liebe.

Verführerisch sind doch die Triebe,
dem Zeitlichen die Ehr zu geben
und hier in Saus und Braus zu leben.

Doch denke dran, die Welt der Zeit,
sie stirbt und bist du nicht bereit,
den Lockungen zu widersagen,
wirst du den Tod nur in dir tragen.
Denn Illusion ist unsere Zeit,
drum streck dich aus nach Ewigkeit.

Konsum

Lebende Tote inmitten der Stadt
tun das, was man ihnen befohlen hat.
Laufen und kaufen
Dinge, die sie nicht brauchen,
huldigen Konsum und Geld und Hast,
spüren das Denken nur noch als Last.

Der Staat nimmt ihnen alles ab,
das Geld, Verantwortung, die Kinder,
hält sie mit Angstmache auf Trab,
und sie gehorchen, wollen nicht verhindern,
dass er sie formt zu willenlosen Sklaven.

Ihr seid schon tot. Lasst euch begraben!

Ego

Solange sein Ego den Menschen beherrscht,

wird es weder inneren noch äußeren Frieden geben.

Alter

Wie lang bist du noch jung und kräftig?
Wie lange schlägt dein Herz noch heftig?

Das alles geht den Lauf der Zeit.
Bist du für´s Altwerden bereit?

Das Alter kommt und dann die Not,
erst wird dir kalt, dann kommt der Tod.

Wer wärmt dich, wenn dir kalt ist?
Wer nährt dich, wenn du arm bist?
Berührt dich im Alleinsein?
Wenn´s Leben schon vorbei scheint?

Wer wäscht dich, wenn du tot bist,
begräbt dich dann – und weint?
Auch wenn die Not vorbei ist,
ist all das bitterer Wein.

Unsre Gesellschaft ist verroht.
Ein Pflegeheim ist´s, was dir droht,
damit dein Alter keinen stört,
man nicht dein leises Stöhnen hört
und nicht daran erinnert wird,
dass man einst selbst so enden wird.

Hass

Der Zorn und die Wut machen leuchtende Augen,
obwohl sie für schöne Gesichter nichts taugen.
Die Fratze des Hasses schreit sinnlos herum,
ist abgrundtief hässlich und grenzenlos dumm.

Wenn Menschen in Massen dem Hass
sich hingeben,
dann kostet das meistens die anderen das Leben.
Drum finde die Mitte und sei nie wie sie,
sonst sind wir nicht besser als tollwütiges Vieh.

Wut

Manchmal fühle ich Wut in mir hochsteigen

über das Verhalten von Menschen,

über die Lüge,

den Hass,

die Hetze,

den Krieg,

die Besserwisserei,

die Überheblichkeit,

den Missbrauch anderer ...

Und manchmal fühle ich den Menschen selbst,

seine Angst vor der Konsequenz der Wahrheit,

seine Angst vor dem Fremden,

seine Angst vor dem Verlust der Kontrolle,

seine Angst, den Gehorsam aufzugeben,

seine Angst, sich seine Dummheit einzugestehen,

seine Angst, sich einzugestehen, wie klein er ist,

seine Angst vor der eigenen Ohnmacht.

Und dann verklingt die Wut und ich spüre

Erbarmen und Trauer für die Menschen,

deren Verhalten die Wut in mir hochkochen ließ.

Meine Wut war auch nur Angst,

die eigene Hilflosigkeit.

Die Maschine

Die Maschine steht.
Wenn jedes Zahnrad einzeln dreht,
weil´s glaubt, es wüsste selbst, wohin,
blockiert´s die anderen ohne Sinn.

Es ist der Stolz, der uns entzweit,
das Ego, diese Einsamkeit,
die aus verletzten Seelen sprießt,
verhindert, dass die Urkraft fließt,
die unsere Welt zusammenhält,
damit sie nicht in Stücke fällt.

Lassen wir lenken, groß wie klein,
wird Gottes Kraft die unsere sein.
Gemeinsam können wir dann geh´n
und uns als eins am Ende seh´n.

Denn heile sind wir nur gemeinsam,
ganz ohne Ego nie mehr einsam.

Der Wind

Der Wind weht, wo er wehen will.
Drum ruf ihn nicht, sei einfach still
und warte drauf, dass er dich seicht berührt,
dann wirst du durch den Lauf der Zeit geführt.

Wir sind doch auf dem falschen Schiff
durchs Meer der Zeiten,
uns können Banken und Politiker nicht leiten.
Sie führen uns nur weg vom Ursprung unsres Seins,
in Wahrheit sind wir alle eins.
Doch führt ihr Weg uns nur ins Nichts,
in Abgrenzung und Trennung
von der Gemeinschaft mit dem Mensch und dem,
bei dessen Nennung
man Ewigkeit und Einheit spürt
und nicht den Boden unter seinen
kalten Fußsohlen verliert.

Was soll die Gier, die Eitelkeit, der Stolz, das Geizen,
das kann mich nur noch mehr zum Kotzen reizen.

Die Schwachen und die Armen,
die in unsren reichen Ländern darben,
will keiner seh´n und selbst die Narben
auf den verletzten Seelen ignoriert man,
sind nur Spinner,
sie sollen ihre Schnauze halten, ´s lachen die Gewinner
im großen Spiel um Geld und Macht.
Ob dieses Spiel sie wirklich endlich glücklich macht?

Wenn ich genau hin schau,
ist all das nur ein Teil von MIR.
Ich habe mitgemacht im Spiel um Lust und Gier.
DIE sind es, die uns einsam machen und uns töten
und Krieg und Hunger produzier´n
mit allen seinen Nöten.
Fang an bei dir und suche deinesgleichen,
nur so kannst du Veränderung erreichen.
Du bist die Zelle, bei der alles neu beginnt,
egal, ob man dich auslacht oder denkt: „Der spinnt“.

Wenn du die Liebe in dir wieder spürst,
merkst du, wie du die anderen berührst.
Brauchst nie dein Ego mehr zu produzieren,
wenn dich Bedürfnisse der anderen berühren.
Denn wenn die Achtsamkeit dein Ego übertönt,
wird auch dein Leben durch die anderen verschönt.
Die Einsamkeit weicht langsam der Gemeinschaft,
die endlich überall ein neues – Gottes Sein schafft.

Dann führt der Weg uns aus dem Nichts,
der Abgrenzung und Trennung
in die Gemeinschaft mit dem DU und dem,
bei dessen Nennung
man Ewigkeit und Einheit spürt
und nie den Boden unter seinen
warmen Fußsohlen verliert.

Der Wind weht, wo er wehen will ...

Stille

Ich brauche sie hin und wieder

Diese Momente der Stille

Des Horchens

Des Gehens auf dem Wasser der Zeit

Ewigkeit spüren

Dem Geist lauschen

Seinen Hauch einatmen

Sich durchfluten lassen

Kraft schöpfen

Trost erfahren

Um dann wieder einzutauchen

In die Zeit

Gestärkt, weiter zu schwimmen

Im Wasser des Lebens ...

Ziel

Das Leben ist ein Rausch der Zeit.

Wie klar ist doch die Ewigkeit,

der Ursprung alles Seienden,

das Endziel des Befreienden.

Religion

In der Ewigkeit wird es keine Religionen

mehr geben.

Wir werden wieder eins sein mit Gott

– und miteinander.

Die dunklen Winkel der Seele

Hast du schon mal

in die dunkelsten Winkel

deiner Seele geblickt,

das Böse in dir gesehen?

Akzeptierst du es?

Oder leugnest du es?

Willst du es wahrhaben?

Oder macht es dir Angst?

Du hast diese Winkel.

Glaub es mir!

Jeder Mensch hat sie!

Ja, auch du!

Meine kenne ich.

Sie sind sehr sehr dunkel!

So dunkel, dass ich mich fürchtete,

als ich sie erkannte ...

Vertrauen

Das Streben nach Wissen ist

die Grundlage der Angst.

Wer nichts weiß,

kann keine Angst haben.

Das Streben nach Wissen ist

die Grundlage der Depression.

Wer nichts weiß,

kann nicht depressiv werden.

Bedingungsloses Vertrauen ist

die Grundlage der Zufriedenheit,

der Angstfreiheit und des Glücks.

Dunkelheit

Ich habe heut Nacht
mein Fenster geöffnet,
um die Dunkelheit
hereinzulassen.
Es geht nicht!

Wolken

Lass dich nicht von den Wolken
und der Nacht täuschen.
Die Sonne scheint immer!

Erkenntnis

Ohne Wissen keine Erkenntnis
Ohne Erkenntnis kein Wissen darüber,
dass ich eigentlich nichts weiß ...

Schlachten

Menschen schlachten Menschen ab

Manchen bleibt nicht mal ein Grab

Kreuze auf der ganzen Erde

´S ist Zeit, dass es bald Frieden werde

Grenzenlose Liebe

Gerecht ist nur die grenzenlose Liebe

Wahre Weisheit ist grenzenlose Liebe

DU

Du, der du nicht ich bist,

finde dein Ich,

damit du das Du findest!

Erkennen

Du siehst nur den Schatten

dessen, der ich bin

Der, der du glaubst, der ich bin,

bist in Wirklichkeit du,

deine Vorstellung von mir

Du erkennst mich erst, wenn

du dich deines Egos entledigt hast

Sinne

Deine Augen erfassen die sichtbare Welt

Aber nicht ihr Wesen

Deine Ohren, sie hören Geräusche und Töne

Doch sie verstehen nicht ihren Sinn

Deine Nase, sie riecht das Parfum dieser Welt

Aber nicht den Hauch der Ewigkeit

Dein Mund schmeckt das Süße, das Bittere, das Salz

Doch erkennt er nicht das Gift

Gib acht, meine Tochter, mein Sohn

Auf das, was aus ihm herausgeht

Es kann Gutes sein oder – Gift

Worte

Worte sind nur eine Form

Sie werden verschwinden

Ihr Geist ist ewig

Vergeht nie

Suche den Geist der Worte

Ferne

Die Ferne ist in dir,

genauso wie das Hier!

Leere

Du liest das Wort und glaubst, zu wissen.

Doch das Wesen des Geschriebenen

liegt zwischen den Worten –

in dem Raum, der leer erscheint.

Du siehst meine Erscheinung.

Meinen Geist erfassen

deine Augen nicht.

Nimm das Unsichtbare wahr

und du erkennst die

ganze Wirklichkeit!

Gelassenheit

Gelassenheit ist Loslassen

Loslassen der Verletztheit

Loslassen des Vorwurfs

Loslassen des Leids

Loslassen der Erwartung

Loslassen des Strebens

Loslassen der Ideale

Loslassen des Stolzes

Loslassen des Ego

Gelassenheit führt zu Gottvertrauen

Gottvertrauen führt zu Liebe

Gottvertrauen führt zu Angstfreiheit

Gottvertrauen führt zu Glück

Gottvertrauen führt zu Gelassenheit

Und so schließt sich der Kreis ...

Glaube und Wissen

Viele Wissende wissen nicht,
dass sie nichts wissen.

Viele Glaubende glauben nur,
dass sie glauben.

Viele Unwissende wissen nicht,
dass sie mehr wissen als die
Wissenden.

Viele Zweifler wissen nicht,
dass ihr Glaube größer ist als der derer,
die glauben, zu glauben.

Vereinigung

Ohne Dort kein Hier

Ohne Jenseits kein Diesseits

Ohne Du kein Ich

Ohne Geist keine Materie

Ohne Ewigkeit keine Zeit

Nicht einmal das Nichts gäbe es,

gäbe es nicht das Sein

Es ist alles eins

Wir sehen es nur getrennt

So wird der Tod zum Bruch

und zur Vereinigung zugleich

Pfeil

Das Ziel kennt den Pfeil, bevor er es trifft.

Der Pfeil kennt den Bogen, vertraut seiner Kraft.

Der Bogen kennt den, der ihn spannt, ganz genau.

Weiß der, der ihn spannt, wer der Schütze ist?

Hier und Jetzt

Ich bin

Ich bin hier

Ich bin hier und jetzt

Ich war

Ich war fort

Ich war dort – Erinnerung

Ich werde

Ich werde sein

Ich werde dort sein – Hoffnung

Es ist immer

nur das

Hier und Jetzt

Das war es

Das ist es

Das wird es sein

Ich bin meine Vergangenheit,

meine Gegenwart und

meine Zukunft

Alles ist in mir vereint

Ich bin Körper und Seele

Ich bin Geist

Ich bin ewig ...

Schweigen

Manchmal kleide ich
mein Schweigen
in Worte,
die nichts sagen

Manchmal zeige ich es
in seiner Nacktheit,
schamlos,
und man wendet sich ab

Und dann sehe ich,
wie sie innerlich erröten
und Scham ihre Worte entkleidet

Parfum

Das Parfum des Gegenwärtigen
ist nur ein flüchtiger Genuss
Die Erinnerung an seinen Duft
haftet ewig in unseren Herzen

Jünger

Gott macht aus Mist oft Dünger
und findet seine Jünger
in jeder Religion.
Das war´s dann schon.

Atmen

Was ist denn Leben,

wenn nicht das gemeinsame Atmen

von Allem, das ist?

Angst

Stelle dich deinen Dämonen

und du wirst die Angst besiegen!

Vertrauen

Wenn du aufhörst,
alles von deinem Gegenüber zu erwarten,
auch das ihm Unmögliche,
kannst du in Ruhe vertrauen.

Nimm die Schwächen
als Teil des Menschen wahr
und erfreue dich an seinen Stärken.

Auf das, was er dir geben kann,
kannst du dich verlassen.

Dann bist du nicht mehr verlassen.

Gewalten

Unsichtbare Gewalten
kannst du nur mit Unsichtbarem bekämpfen.
Angst besiegst du durch Vertrauen,
Hass durch Liebe,
die Schwäche anderer durch Geduld,
Verletztheit durch Vergebung
und den Tod – nur durch Glauben.

Reichtum

Wahren Reichtum siehst du nicht.
Er findet sich in jeder liebenden Seele,
die im Jetzt lebt.
Du bist reich!

Töten

Warum bringen sich die Menschen gegenseitig um?
Sie sterben doch sowieso.

So ist es

Wenn du einmal begriffen hast,

dass sowieso alles kommt, wie es kommt,

wirst du dir keine Gedanken mehr darüber machen,

was zu tun ist, damit es nicht kommt, wie es kommt,

denn am Ende ist sowieso alles, wie es ist.

Ist das so?

Antworten

Es ist nicht schlimm,

wenn du keine Antworten hast.

Schlimm ist es,

wenn du keine Fragen mehr hast …

∞

Hans-Dieter Kreuzhof

Karpatensaga – In der Ferne

Die Weisen sagen, dass es Legenden sind,

die uns helfen, das Unerklärliche zu begreifen.

Dinge, die größer sind als wir.

Mächte, die unsere Wege bestimmen.

Gewalten, die uns in tiefste Abgründe stürzen

oder in höchste Höhen erheben.

Kräfte, die schon existierten, bevor die Zeit begann.

... frei nach Mark Steven Johnson

Hans-Dieter Kreuzhof

Karpatensaga – In der Ferne

Baro, ein Mann des Zorns, und sein feinsinniger Bruder Kalo verlassen nach einem gewaltigen Familienstreit ihr Romadorf am Rande der Karpaten. Auf ihren Wegen durch die sagenumwobene Bergwelt treffen sie auf liebeshungrige Frauen, blutgierige Wiedergänger, rachsüchtige Totengeister und handfeste Gegner. Sie stellen sich der Angst, dem Tod – und ihren eigenen Dämonen. Werden sie an ihren Prüfungen zerbrechen oder als gefestigte Männer zurückkehren? Ein mystischer Roman über Ohnmacht und Macht, Angst und Vertrauen, Gewalt und Tod, die Kraft der Liebe – und ein geheimnisvolles Volk.

Hans-Dieter Kreuzhof, Jahrgang 1950, ist Reisender, Unternehmer, Geschichtenerzähler und Autor. Seine Lebensstationen waren Deutschland, Spanien, Frankreich, Österreich, Polen und Südosteuropa.

Neben seinem eigenen christlichen Zugang zum Ewigen faszinierten ihn von jeher auch fremde Kulturen und Glaubenswelten. Kreuzhof studierte die Bibel, die Bücher des Judentums, den Qur'ān, traf religiöse Mystiker und lernte bei seinen herzlichen Begegnungen mit Sinti und Roma, sich der Wahrnehmung des Übersinnlichen zu öffnen. Er bezeichnet sich selbst als Pendler zwischen den Welten und Brückenbauer zwischen Kulturen.

Mit „Ein Hauch von Ewigkeit“ zeigt er nun seine lyrische Seite.

Danke an Tahir Yildrim und Rabbiner David Kraus!

24548061R00075

Printed in Poland
by Amazon Fulfillment
Poland Sp. z o.o., Wrocław